사랑비

이극로 시선집

북랜드

국립중앙도서관 출판시도서목록(CIP)

```
사랑니 : 이극로 시선집 / 글쓴이: 이극로. --
 서울 : 북랜드, 2019
   p.144 ; 13×21cm
 ISBN  978-89-7787-862-4  03810 : ₩10000
시(문학)[詩]
811.8-KDC6                              CIP2019018831
```

이극로 시선집

사랑니

인쇄 | 2019년 5월 25일
발행 | 2019년 5월 31일

글쓴이 | 이극로
펴낸이 | 장호병
펴낸곳 | 북랜드
　　　　서울 강남구 역삼동 832-7 황화빌딩 1108호
　　　　대표전화 (02) 732-4574 | (053) 252-9114
　　　　팩시밀리 (02) 734-4574 | (053) 252-9334

등 록 일 | 1999년 11월 11일
등록번호 | 제13-615호
홈페이지 | www.bookland.co.kr
이-메 일 | bookland@hanmail.net

책임편집 | 김인옥
교　　열 | 배성숙 전은경

ⓒ 이극로, 2019, Printed in Korea
저자와의 협의하에 인지를 생략합니다.

ISBN 978-89-7787-862-4　03810
ISBN 978-89-7787-863-1　05810(E-book)

값 10,000원

사랑니

책을 내면서

그동안의 시 창작활동을 모은 시선집을 출간한다.
『태종대의 겨울나기』, 『주인 없는 바람처럼 탈춤을 추자』, 『세상의 아픈 소리』, 『멸치와 땅콩』 등의 시집을 발간하면서 세상을 사는 새로운 방법과 이치를 되새기는 기회가 되었다.
화창한 꽃향기 맡는 봄이 지나고, 화사한 꽃의 자태가 아름다운 여름이 오고 있다.
세상의 아름다운 모습과 마음이 두루두루 온 천지에 가득하기를 바라면서 이 시선집의 환한 얼굴을 나타낸다.

2019년 여름이 오는 길에
이 극 로 올림

차례

책을 내면서/5

1부

사랑니 —— 12
수의에는 주머니가 없다 —— 13
영철이의 일기 —— 14
태종대의 겨울나기 —— 16
돌의 침묵 —— 18
옛날 술집 —— 20
포장마차 —— 22
아메리칸 호프 —— 24
신경통 —— 26
나이 먹은 일상 —— 27
나무(Ⅰ) —— 28
소말리아 어린아이 —— 30
입춘대길 —— 32
세상 만들기 —— 34
열대야 이야기 —— 37
울릉도 —— 38
고인돌 유감 —— 40
환갑 늙은이 —— 41
대구사람들의 여름나기 —— 42
굼벵이 —— 43
정력제 —— 44
이사 —— 45
감나무 —— 46

2부

48 —— 인삼
50 —— 사는 재미
52 —— 퇴근길
53 —— 삼한사온
54 —— 멸치와 땅콩
56 —— 매미의 기다림
57 —— 숨어 우는 바람 소리
58 —— '농부의 아들'의 토끼고기 식당
60 —— 꽃잔치 현기증
62 —— 로또복권
63 —— 옛날 겨울이야기
64 —— 오만원 지폐
65 —— 어느 할머니 환자
66 —— 담배론
67 —— 어느 환자의 이야기 (1)
68 —— 어느 환자의 이야기 (2)
70 —— 꼬막
72 —— 은행
74 —— 정자를 삽니다
75 —— 갓바위
76 —— 두류공원 봄 잔치
78 —— 겨울잠 그 후
80 —— 술

3부

거문도 삼치 이야기 ___ 82
해인사 ___ 84
동화사 ___ 86
약손 ___ 88
세상 이야기 ___ 89
삶의 무게 ___ 90
빨래 ___ 91
물난리 ___ 92
가을소리 ___ 93
빨랫줄에 걸린 왕풍 ___ 94
선풍기 ___ 96
무게중심 ___ 98
계절을 가불합니다 ___ 99
아폴로 눈병 ___ 100
소와 달 ___ 102
또 다른 소풍길 ___ 104
꽃잔치 현기증 ___ 105
길모퉁이 ___ 106
노래방 (1) ___ 107
노래방 (2) ___ 108
익모초 ___ 112
수성못 고목 아래 ___ 110
쉼터 ___ 113

4부

116 ── 대관령 풍경
118 ── 장승
119 ── 안동의 어느 보호수
120 ── 약령시 풍경도
122 ── 도시 속에 살아 있는 중앙공원
123 ── 자연과 나
124 ── 종로 옛날 보리밥집
126 ── IMF와 옛날 옛적에
128 ── 세상의 고독
129 ── 고독 속에 살아 있는 고향
130 ── 세월의 공평성
131 ── 암행어사
132 ── 달력 속의 시집살이
133 ── 흑백사진 이야기
134 ── 검정 고무신
135 ── 모기
136 ── 지심도
138 ── 외나무다리 건너에 있는 고택
140 ── 눈꽃축제 열차 다니는 산골 마을
142 ── 구석기시대의 사람들

1부

사랑니

유치는 영구치와는
그 출생 신고일이 다르므로
너는 이복동생이 되어서
성년기에 사랑병을 앓는 사람들같이
사랑니가 되었다
사람들은
필요 없는 어금니라고 하여서
가족등록부에서 추방하였지만
이름뿐인 가족의 흔적을 너 혼자 간직한다

수의에는 주머니가 없다

벌거벗고 찾아온 세상
옷 주머니마다
한평생 돈을 보관하여서
돈 냄새에 코가 질식하였다
이 세상의 모든 것을
벗어던지고
빈 몸으로 떠나는 발인제에는
무거운 돈 무게에 싫증이 나서
수의 한 벌 걸치고
염라대왕 만나는 노잣돈 몇 푼이 안성맞춤
욕심 없는 육신의 안식처
저승에는
부자도 거지도 없는 나라
돈으로 시작되고 끝나는 불편한 생활 환경도
평토제 끝난 혼백의 세상살이에는
빛바랜 세월과 공기가 살아있어서
수의에는 주머니가 없는 이유이다

영철이의 일기

나의 고등학교 후배
영철이는
어른의 아이 같은
맑고 순진한 마음이
큰 덩치에 어울리지 아니한다

힘든 공사로 다친
늑간신경통 치료에
대만제 한방파스를 가슴에 붙이고
젖가슴이 숨을 멈출까 걱정되어
파스 가운데로 마름모 구멍을 뚫었다.

웃고 사는 것도 인생살이의 한 방법
왠지 서글퍼지고 어려운 세월에
영철이는
우리에게 나이에 맞지 않는
너털웃음을 만들고 있다.

부산 사내들은
소주를 맥주컵에 먹는다고 이야기한 다음 날
영철이는
소주를 500cc 생맥주잔에 넣고서는
단숨에 먹는 실력 있는 애주가
그는 험한 세상에 살고 있으면서
우리에게 철부지 같은 후배이지만
사나이다운 기질도 있기 때문에
술에 취하면 정이 그리워 울 때도 있다

나의 고등학교 후배
영철이는
학연으로 맺은 인연이지만
큰 덩치에 걸맞은 달콤한 눈깔사탕이다

태종대의 겨울나기

겨울은 오는 것이 아니라
내가 겨울을 안고 바다를 향해 찾아가는 것이다
산이 있고 바다가 있고 우리가 살아간다
유람선에 몸을 맡긴 관객은 흥에 취해
스스로 연출을 분장하고 우리가 우리에 의해 어울리는 것이다
익숙치 못한 목소리를 서러워하여
파도 소리에 시간이 걸터앉으면
뱃머리에 소멸되는 오륙도는 두 개의 하늘이 된다
겨울은 눈 덮인 수은주를 보는 것이 아니다
내가 증오를 유람선에 싣고 차가운 고통을 찾아가는 것이다
삶이 있고 삶을 용서한 사랑이 있고 우리가 살아간다
하늘 포갠 자살바위가 눈을 감고
무대 위에 만든 그림자를 밟게 된다
아침이면 바다에 올라 파도를 달린다
그리고
아침이면 파도에 앉아 바다로 나간다

시든 색종이 위에 꽃잎이 살아나고
부서지는 거품들이 내 방을 엿본다
겨울은 오는 것이 아니라
봄을 기다리는 아름다운 마음에
겨울을 찾아 바다로 가는 것이다

돌의 침묵

사람들의 불쾌지수는
해와 달의 고독한 운행 속에 떠다니고
자연에서 찾아오는
체감온도는 침묵 속에 살아있다
우리의 몸무게만큼
살다가 떠나는 것이
우리의 생활이 아니듯이
반복되는 언어와 행동은
지치지 아니한 무소유의 마음이다
동네 장승 곁에서
비바람을 먹고 자란
산과 강의 순결한 세포 수를
증식하고 채색하여
동양화 풍속도가
시곗바늘 속에 갇혀 있다
나 어린 시절에
피고 지는 꽃의 신비한 의식은
흑백사진 속에 숨겨두고

도무지 대답 없는
미련한 돌 하나로
내 살아갈 땅 위에 선을 긋는다
땅 위에서 늘 불편에 시달리는
돌은
눈에 보이는 아름다운 풍경화가 아니라
세월에 투영되는
고통을 말없이 입으로 삼키고 있다.

옛날 술집

수성못이 가깝게 보이는
앵두나무 우물가 옛터의
"옛날 옛적에"의 옛날 술집에
이리저리 배회하는 마음들이
삼삼오오
밤마다 나들이하고 있다
친구는 옛친구가 좋고
술은 익을수록 맛이 있지만
술도 친구도
자존심 없는 옛날 앞에서
손잡고 다정하게 앉아 있다
나이의 개념을 훌훌 벗고
자만으로 포장된 마음까지 지워버리면
상처투성이 얼굴들은 삶의 준비를
다시 한다
술집이라고 술만 있는 곳은 아니다
꿈 많은 밤하늘의 별도
그림자 안내하는 달빛도 있어서

알콜도수에 빨개진 밤마다
아름드리 큰 나무 아래서
얼굴 닮은 인연으로
생음악 콘서트를 만들고 있다

포장마차

빈 주머니에 외상으로
포장마차를 찾는 것은 아니다
컬컬한 막걸리 맛 같은
수원댁 인심에 정이 간다

통통한 금복주 한 병에는
우르과이라운드에 지친
'신토불이' 우리 농산물이
제일 좋은 안주이다

안주는 고추 몇 개에
잘 익은 고갈비 한 마리
한 잔 한 잔 더 취하면
해삼 몇 마리
멍게 한 접시에 입맛이 달라지지만

소주 한 병에
인생이

소주 한 병만큼 없어진다

인생이 소주병만큼 작지는 않지만
술 취한 인생은 소주병보다 작다

전구 빛에 양념된 닭똥집이
술에 익는 유리잔 속에
피곤한 잠을 준비하고
오늘 계산은 또
외상이다

아메리칸 호프

승자도
패자도 묵묵히 말이 없는
베트남전쟁에
아메리칸 호프만 무성히 자란다

상처투성이 정글에서
하늘로 날아간
고엽제는
키 큰 수림을 고엽시키고
사람의 목숨까지 고사하여서

맹호부대 용사들도
베트콩의 유격대원들도
평화촌에 버려진
괴물 같은 고엽제 자식으로
병들어 울고 있다.

박격포에 날아간 다리는

숨을 쉬고 살고 있지만
폐허 된 몸뚱어리 상처에는
치료약 없는 고통만 흐른다

엉클어진 손가락으로 배운
풍금 가락에
밤잠을 청하지만
그래도
베트남의 산마다
아메리칸 호프는
전쟁을 잊고 자란다

신경통

신경통 치료에
호랑이 고약이 최고라는
아픈 다리 걱정하시는
어머니의 사진 한 장

신경통 치료에는
무엇보다
자식 마음이
제일 좋은 약이다

나이 먹은 일상

해수咳嗽에 지친 할배는
습기에 약한 날씨를 원망하며
시린 무릎을 매만진다

밤새도록 잦은 한숨으로
살아오는 일상
죽은 할멈 사진 쳐다보고
문풍지에 두 눈을 내민다

바람 부는 시간에는
사진에 흔들리는
병명은
알레르기 천식

장닭 눈뜬
새벽에는
공부할 손자 깨우랴
침침한 눈으로
산으로 길을 나선다

나무(Ⅰ)

사람들이 살고 있는 큰 세상에서
색각色覺의 과민반응으로
몸살 앓는
나무 한 그루
마음 넓은 지구 속에서
사람을 꾸짖고 있다
나무는
영리한 뇌세포가 없어서
질투와 시기는 할 줄 모르지만
나이테의 역사가 살아 있어서
말 대신 눈으로 꾸짖고 있다
사람은
흔들리는 바람에 산을 떠나지만
나무는
표정 없는 얼굴에 산을 가져와서
가만히 땅 위에 옮겨 심는다
사람이
두 손 크게 벌리고

두 팔로 사방 교류交流하면

키 큰 하늘 밑에

사람이 나무가 되고

나무가 사람이 된다

소말리아 어린아이

살기 위해 먹는다는
그 흔한 말씀도
우리에게는 복에 넘친 이야기

먹을 것이 부족한
소말리아 사람들은
뜨거운 공기만 가득 찬 뱃속으로
자외선에 그을린 뼈다귀만 남았구나

어린아이는 어른들의 보배이지만
허기지고 목마른
소말리아 아이들은
생명보다 죽음이 앞선 악연의 굴레이다

영양실조증으로 신음하고
풍토병으로 죽어가는
소말리아 아이들은
차라리 먹을 힘도 없어

누워서 하늘만 쳐다본다

신문에 실린
소말리아 아이의 사진에는
하얀 이빨도 죽어간다

입춘대길

외투를 벗은 바람 소리가
풋풋한 봄나물 향기 머금고
빗장 푼 대문 안으로 들어와서
창호지 끝에 꽃망울을 옮겨 심는다

동면을 시샘하는
얼음 깨지는 소리에
숨어있는 생명들이 돌을 던지면
동장군은
여인들의 옷자락에 숨어버린다

들녘에 살아나는 보리잎 사이로
눈치 없이
호미질하는
삼한사온 꽃샘추위

강남 떠난 제비를 몰고 오는
동네 머슴애의 눈 속에도

개나리꽃이 피어있고
산마다
진달래 꽃눈이
분홍색 밀월여행을 즐긴다

세상 만들기

매일 만나는
세상의 일이란
아침에 만나서
저녁에 다시 만나는 까닭에
서로 비슷한 생활습관을 닮아서
서로가 서로를 모르는
컴퓨터 집적회로의 전쟁놀이 같구나
바람이 가공된 프로그램의
자연법칙에 의해 살아가는
토박한 환경에서
성난 무게를 벗어던지면
신선神仙 되어
불로초 먹은 바위에 걸쳐 앉는다
유정세간有情世間에
내 몸은 땅을 밟고 다니기 때문에
내 몸 닮은 동위원소는 흙이다
몇 윤회의 친화력을 가진
자연의 세계는

천지창조에서 모두가 하나가 되어
나뭇잎 가린 최초의 원시 본능도
부끄럽지 않다
인생은 아픔을 느끼면서 사는 것이 철학이라 하지만
세상의 일이란
돌고 도는 수행의 단계를 연습하는 과정이다
사람이 무한대의 세계에서
조건 없이
궁극적 신의 존재를 인식하면
바람 부는 시간에 쫓겨
사방으로 흩어지는 삶의 행방도 예측하지 못하고
사람의 운명이란 "XY염색체"에 의하여
서로 다른 환경으로 살아간다
내가 양陽의 열쇠이고
너가 음陰의 자물쇠이다
열쇠와 자물쇠는
굴절된 고통을 반복하면서
천지를 단청한 비밀을 간직하여

새로운 출생을 복제하고 있다
우리 영혼 속으로 요란한 하드웨어가 걸어다니면
우주 개벽의 순서는 순서대로
천간天干·십이지十二支의 형상에
실체의 내용을 소유한다
다만
세상을 회귀하는
진한 땀 냄새가
고분벽화로 흐르는 부활이 된다

열대야 이야기

밤하늘 별까지 갈증에 지치고
불덩어리 불쾌지수도 어지러워
거친 숨소리가 땀방울에 흐른다
불난 삼복三伏 무더위에 걸터앉은 처서 절기도
하루 종일 막혀버린 바람만 원망하며
뜨거운 하늘 아래에 누워버린 여름 이야기

울릉도

옛날 옛적에 폭포같이 마그마 분출되어서
나리분지 성인봉 생성하였고
살아가는 울릉도의 긴 생명을 가진
울릉도의 역사

오랜 비바람과 파도에
멍이 들고 깨어진 바윗덩어리 마디마디는
살아가는 사람들의 말소리에
잠이 들고 꽃들이 피고 진다

오징어 풍년과 울릉도 호박엿
비리한 냄새를 온종일 맡고 있어도
오고 가는 관광객 발걸음을 반갑게
맞이하네

가까이 나라를 지키는
홀로 있는 독도를 위안 삼아
울릉도는 사시사철 손님 부르는

구수한 아낙네의 목소리에
정이 깊어가고 풍성한 마음이
넘실거리는 물결 속으로 흐르고 있다

고인돌 유감

무거운 운명을 수많이 살아온 표정
목숨은 보이지 않는 불면의 행위 되어
벌거벗은 옛날 파수꾼이 되었다
암수 구별도 없는 물고기 화석
크레파스 색칠로 문화재를 만들고
숨 가쁜 바위왕국 속에서
차가운 영토를 지키고 있다
씨 뿌리는 세상의 들녘에서
뜨거운 핏줄이 가슴속으로 흘러서
눈물마저 차가운 고향에 심어준다
전설로 이어진 어른들의 이름들은
목마른 대지에 대대로 이어진 탯줄을 잉태하고
순간순간 생명을 이어가고 있다

결국은 한 줌의 본능적 출생이 아니라
이유를 모르면서
살아가야 하는 운명직인 까닭이 아닌가

환갑 늙은이

환갑을 조금 넘긴 나보고
버스와 지하철 좌석은
경로석을 양보하네

지금은 백세시대라서
60살은 장년이지만
늙어가는 나이는
하루하루 달라서
날이 갈수록 백발과 지팡이만 친구가 되네

한창 일할 나이지만
정년에 어찌 못해서
노인 아닌 노인이 되어서
살아가야 하는 나이이다

대구사람들의 여름나기

더위에 살이 익은
대구사람들은
하늘을 원망하랴
여름을 잊어버리랴
갈라진 저수지 바닥에
마른장마만 계속되는
기상예보는
열대성 저기압 단어조차
망각하여서
자연의 위대함에 입만 벌리고 있구나
사람이 비를 애타게 기원해도
사람은 하늘의 마음을 모른다
하늘과 사람 사이에서
매일 계속되는
열대야의 원망은
기우제의 설렘에 잠을 청한다

굼벵이

겨우내 썩은 초가집 아래에
단백질 풍부한
굼벵이가
사람들의 호기심을 부르고 있다

통통한 몸매와 효능으로
예로부터 간질환에 좋다고 하여서
황달 걸린 환자의 입을 쳐다보고 있네

사람들의 건강을 위해서
굼벵이는 자기 몸을 희생하지만
사람들은 미천한 벌레라고 하여서
고마운 마음을 모르고 살아간다

정력제

한국 남자들은
정력제에 너무 많은 호기심이 유발된다

외국 여행 가서도 정력제 파티
국내에서도 두 귀와 두 눈이 정력제 타령
물론 정력이 강하면 힘도 좋고 건강도 튼튼하지만
지나친 정력제 타령에
신체도 마음도 혼란에 접속되어서
돈 잃고 건강 잃는 어리석은 결과도 있다

정력제는 건강한 정신과
올바른 식생활이 하나 되어서
스스로 생활을 지키는 일이 중요하다

이사

제8학군 명문학교로 입학하기 위해
맹모삼천의 마음으로
위장 전입하는 사람들도 있다

아이들 학군 때문에

공기와 어울려 노는
가벼운 마음들이
교육열 상처로 이사를 가야 한다
아파트 출입구마다
하루 종일
이리저리 아이들 성적표 이야기
나의 아내도
느긋한 자연의 이치를 모르고
울긋불긋한
출세의 오르가슴으로
이사를 생각하는지 궁금하다

감나무

할아버지 큰 사랑은
감나무 한 그루에 숨어있다

늦봄에는
손자 목에 감꽃 목걸이

겨울에는 까치밥 남겨놓고
빈 하늘에
감사하는 마음을 돌려준다

감나무 이파리는
할아버지 마음처럼
넓고 큰 안식처

홍시 달린 감나무에는
떨어지는 할아버지 나이가
힘없이 바람에 웃고 있다

2부

인삼

사람과 함께 살지만
컴컴한 차광막 속에서
4~6년 동안 흙과 더불어
생사를 같이하고

가려진 그늘 속에서
온갖 사람들의 세상 소식을 듣고
말 못 하는 새색시처럼 가슴앓이만 하지만
한 해 한 해 자라나는 어린아이처럼
잎이 크고 뿌리가 통통하게 살이 찐다

천만년 이어온 땅의 위대한
억센 기운과 목숨을 몸에 지니고
병을 치료하고 생명을 되살리는 힘을
긴 다리와 발가락에 담아서 출산준비를 한다

사람들의 땀과 숨소리가 바빠지면
사람들의 정성과 사랑이 가득하고

사람의 모양을 많이 닮아야
최고급 약재가 되어
농부의 보살핌에 기쁨을 주는
만병의 영약이 되었구나

사는 재미

시뻘건 숯불 위에
몸을 태우는 돼지갈비 몇 조각이
축 늘어진 어깨 위로
말없이 어울리는 저녁이다

사람 사는 것이 따로 있나
퇴근길에 치수 맞는 발바닥이 모여서
먼지로 가득 찬
목 청소하는 재미이다

이래저래 흥이 나면
다음 차례는
마이크로 가수 흉내 내는
노래방 임대계약

스트레스는 빨리 풀어야
병원 신세 면하는 길

가벼운 취기는
빙글빙글 돌아가는
네온사인 조명 아래
하루의 피로를 해독한다

퇴근길

저녁 표정이 어두운 사람들은
퇴근길마다
서로의 마음이 무거워져서
집으로 가는 길이 피곤하다

퇴근길마다
남자는 남자끼리
여자는 여자끼리
사람들의 발걸음은
가는 길이 다르지만
삶의 계속되는 호기심 속에서
지친 몸을 세월에 낚아 올린다

삼한사온

삼한사온 기상 법칙은
아열대 환경변화에 배반당해서
황사에다 미세먼지 때문에
겨우내 계절과 숨바꼭질을 하고 있다

겨울이 겨울다워야 풍년농사도 오지만
식량 넉넉한 요즘 세상에서
동장군의 용감한 성격도 약해지고
대한과 소한 추위도 소침하여서
사시사철 반소매 입는 세상이 되었다

멸치와 땅콩

멸치와 땅콩은
사람에게 필요한 영양을 몸속에 지니고
사람의 5장 6부 안에 살아가고 있다

술집에서 만나는
멸치와 땅콩은
사람들의 술잔 속에 자리 잡아
동성로 F레스토랑 2층에도 살고 있다

찰랑찰랑한 500cc 생맥주를 마시며
추억이 실린 여가수의 돌고 도는 노랫가락으로
오늘밤도 또 다른 술을 마신다
전등불 아래 얼굴 살짝 붉어진 애주가같이
밤마다 때 묻은 그리움을 사진첩에 나누고
알코올 흥분을 간세포에 차곡차곡 쌓고 있다

이 술집에는
음악도 라이브

생맥주도 라이브
사람들의 술 먹는 마음들도 라이브이다

고추장으로 자기 몸을 없애는 멸치와
심심풀이 땅콩으로 안주를 먹는
사람들의 마음들은
술로 하루를 씻는 바쁜 발걸음이 모여서
입으로 입으로 넘치는 생맥주의 거품이 되고
옛 추억을
가슴에 적시는 이야기 속으로 서로 바꾸고 있다

어느 노신사의 그리운 음악 축제
나이 잃은 나그네의 세상 이야기
피곤에 지친 선남선녀의 얼굴들이
서로가 시원한 얼음 잔을 적시는
우리들의 살아가야 하는 또 다른 사연이다

매미의 기다림

매미는 일주일을 살기 위하여
칠 년의 기다림을 땅속에서 운명으로 생각한다
사람들은
매미의 울음소리를 여름이 지나가는
계절의 통과의례로 즐기고 있다

간사한 마음들은 여름 더위에 연신
시원한 세상구경을 원하지만
여름 내내 익어가는
풍성한 수확의 고마움도 모르고

열대야에 혼난 사람들은
오늘도 내일도 하늘만 원망하면서
가을을 찾아서 널뛰기를 하고 있구나

숨어 우는 바람 소리

스트레스 푼다고
소주에다 맥주에 폭탄주까지
기분전환 된다고 마시고
다음 순서는 당연히 노래방 행차

탬버린 장단에 맞추어
아는 유행가 제목 찾아보지만
목소리는 이미 만취 상태

평소 18번이라는 여가수의
구슬픈 노래를 신청하는데
제목이 숨어 우는 바람 소리라서
나도 마이크에 숨어서 노래 부른다

못하는 노래지만 앵콜이 나와서
또 한 번 선곡하지만
자신 있는 곡명은 역시
숨어 우는 바람 소리이다

'농부의 아들'의 토끼고기 식당

올해는 조류독감으로
닭과 오리가 집단폐사하고
닭고기, 오리고기도 사람 입을 외면하여
땅속으로 매장되었다.
정말로 조류독감이 무서운 질병이라서
사람의 식성마저 바꾸고
닭백숙, 닭볶음탕에 길들여진
대구 사람들의 투박한 입도
간사한 세상살이에 주소를 옮긴다.
경산에서 자인으로 들어가는
진못 뒤편에
촌 아낙네와 농부가 운영하는
'농부의 아들'이라는 식당이 있다.
앞에는 연꽃이 겨울 불빛을 머금고
뒤편으로는 공기 좋은 조그마한 산이 보인다.
산이 있고, 물이 있고, 사람이 있으며
식당 안에는 술과 음악과 사람의 숨소리가 살아 있다.

장작불로 만들어진 황토방의 아랫목에
촌두부와 배추전이 먼저 들어와서
참소주 한 병과 입맞춤을 하고
한참 뒤에 매운 고추로 맛을 낸
토끼볶음탕이
또 한 병의 참소주를 부른다.
얼큰한 노화백은 흥에 취해
화선지 대신 신문지에
세상 이야기를 붓으로 토해낸다.
세상을 달관한
사람들의 얼굴은
신문지 안으로 술 취한 그림자를 옮긴다.
술과 음악과 사람들의 소박한 마음이 있는
농부의 아들에서
밤하늘의 별들이 모닥불에 앉아 있다.

꽃잔치 현기증

온통 어지러운 세상
이리저리 현기증이
황사 타고 방황하고 있다

정치면 신문기사는
하루 종일 혼란 정국의 앵무새 소리
사회면 TV 화면은
부동산 폭등 소식에
벤처산업이 돈 자랑을 하는 이야기로
서민들의 입맛을 잃게 한다

환절기마다 찾아오는
꽃가루 시샘 행차
입춘대길 간판이
심한 알레르기 경련을 일으킨다

사람마다
집집마다

온통 어지러운 세상 이야기로
나른한 봄바람에 취해서
화사한 꽃잔치도 모르고 살고 있다

로또복권

우리 누구나
인생 대박의 황금 꿈을 간직하면서
로또복권 행복 속에 유혹을 사고 있다

인생 역전의 횡재가
복 많은 사람에게 찾아가는
타고난 확률을 알면서도
숫자놀이 도박판으로 정해진 운명을 맡긴다

놋그릇 왕대포 몇 잔으로
퇴근길 피로를 축이는
싫증 난 생활도
속고 속는 세상살이의 기다리는 재미가 있는
로또복권 설렘으로 인생을 살아간다

옛날 겨울이야기

새벽 찬바람에 배달된
옛날 겨울 신문마다
연탄가스 사고가 숨을 쉬면
이것은
세상 사는 우리네 힘겨운 상처이다

겨울이면
스산한 문풍지 바람 소리에 놀라고
동장군 체온저하에 지친
얼굴 양 볼에는 늘 동상 자국이다

겨울이면
빈 나무에 매달린 겨울 하늘의
동면은
벌거벗은 얼음 속의 정물화가 된다

허수아비의 흔적만 남은
영양실조의 논바닥에는
새 달력 속으로 몸을 숨기는
나그네 같은 생명의 호기심이 살아난다

오만원 지폐

신사임당 얼굴 찍힌
오만원 지폐를 가지고
식사하면서 커피 먹고
쇼핑 몇 번 하니까
호주머니에 남는 것은
얼마 되지 아니한 색깔 바뀐 돈

설날 아이들 세뱃돈도
세종대왕 대신에
신사임당 얼굴 보고 싶어서
나의 세뱃돈 금액도 무시 못 할
비상금 고갈 상황

어느 할머니 환자

젊어서 몸 생각 아니하고
자식 걱정 시부모 봉양으로
온종일 일만 하신 연로한 할머니 환자

출산 후 제때 산후조리 못 하고
밭에 나가서 채소 수확하며
찬바람을 사시사철 몸으로 일하신
이제는 꼬부라진 허리에다 아픈 무릎
고통을 낙으로 삼고 생활하시는
할머니 환자

손가락도 야위고 관절염이 심하여
손바닥도 거칠고 갈라져서
예쁜 화장품 한 번 맘껏 치장 못 하고
한 많은 세월을 살아오신
할머니의 얼굴에 굵게 파인 주름살

아픈 부위에 침을 놓지만
고생한 부분마다 눈물이 살아 있어서
나도 눈물 흘리며 침을 시술한다

담배론

담배가 생활의 연속이라고
손가락에 물고 다니는
K군도

담배가 폐암의 주범이라는
R의사의 의학보고서에 놀라
금연을 시작하고

보릿고개 시절에도
담배가 사나이의 멋이라 자랑하던
H할아버지는

담배가 손자 건강에 나쁘다는
P며느리의 역정에 못 이겨
물사발만 물끄러미 바라보고 있다

어느 환자의 이야기 (1)

시내버스 운전기사인
윤씨는
무릎 관절염으로 수년 동안
치료하다가
마누라도 지겹다고 가출하고

매일 먹고 노는
돈 없는 아빠 곁에서
흙장난만 하는 어린 딸

침과 한약으로 치료하지만
살아갈 앞날이 걱정스러워
단칸셋방에는 소주병만
주인을 기다린다

윤씨!
신세타령만 할 것이 아니라
마음 편하게 운명으로 생각하고
죄 없는 딸 걱정도 하시구려

어느 환자의 이야기 (2)

청진기가 숨을 쉬는
진찰실 안으로
개나리 노오란 눈빛

먼 길을
노인 승차권 두 장으로 오시는
복현동 최씨 할아버지

굽은 배 움켜잡고
대학 공부시킨 자식들,
돈 없어서 먼저 떠난
마누라의 속병을 누가 알까

개나리꽃 떨어지면
다음 봄에 또 피지만
가는 인생 어찌 기약하리
혼자 남아서
며느리 눈치 보며
살아온 나날도

손때 묻은 지폐 몇 장이
손자들 간식 재롱으로 살아간다

거친 숨소리에 허리 아픈
내 모습을
저승 사는 마누라는 알겠지

비 오는 내일 아침에는
혼자 사는
포항 막내아들에게 가보련다

꼬막

서해 갯벌
벌교 바닷가에는
흉년에도 긴 생명력 덕택으로
허기 해결하는 꼬막이 살아있어
어촌 아낙네의 돈벌이 밑천이 되고 있다

풍부한 영양분으로
나라님께 진상하고
나라 사람들의 귀한 음식으로 사랑받아
제사상에도 올리는 제물도 되었다

옛날에는
맛있는 해산물은 일본사람 밥상 차지하고
외화벌이의 큰일 하였지만
인구 많은
중국사람들은 새끼 꼬막 수입하여
혼합양식으로 크게 키워 큰돈을 만든다

서해 국제화 시대에 발맞추어

이곳 저곳 폐수 방출하는 공단 앞에는
바다가 황폐화되어 불가사리만이 살고 있고
빈 껍질 꼬막이 이리저리 뒹구는 무분별한 개발은
꼬막도 죽이고 사람도 빈껍데기로 만드는
어리석음을 만든다

은행

은행을
한약명으로
백과白果라고 부른다

백과 한 접시
술안주로 집어먹고
남는 것은
야뇨증 치료약
해수 천식 치료제

혈액순환 촉진시키는 외화벌이 되어
큰 배 타고 유럽 간
노오란 은행 잎사귀

겨울에 먹는
백과 몇 알이
감기 예방에 명약이지만

가을에 살근히 밟는
은행잎 빛깔 속에
사랑이 잠을 못 이룬다

정자를 삽니다

호적 없는 정자가 되어
시험관 안을 배회하는
산부인과 체외수정

불임부부
신혼여행은
시험관 불임 클리닉

애비 없는 자궁 속을
억만년 유영游泳하는
족보 잃은 씨앗들

정자은행 냉장고에는
정자를 사고 파는
정자의 기성품 시대가
순서를 기다린다

갓바위

3천 염주 팔공산에 걸고
백팔번뇌 바람에 안고
십장생 바위마다 천년의 언어 흐르네
자식 하나 소원 되어
이끼 낀 불신佛身에 안타까운 마음이 각인되고
소원 성취 발자국마다
서러운 아픔을 운명으로 서러워하며
몰래몰래 합장하고 기도한다
꽃이 되고 씨앗으로 남아
바람에 실려가는 인연으로 흐른다
3천 염주
생명의 자궁 되어
백팔번뇌 생명의 모태를 만든다

두류공원 봄 잔치

땅끝으로 동면이 숨어버리고
밀려오는 봄바람 사이로
아지랑이 날갯짓하는
두류공원 꽃잔치

노오란 개나리가 봄화장을 마치면
연분홍 벚꽃의 교태가 심술 가득하지만
하얀 목련의 부끄러운 꽃봉오리가
새색시 두근거리는 양 볼처럼
천연색 물감으로 춤을 추고 있네

꽃가루에 매료된 벌과 나비는
이리저리 봄 마중을 하다가 지쳐서
풍선 든 어린아이의 마음들을 모아서
두류공원 광장으로 지나가는 시간을 방관한다

봄마다 자연과 생명을 숨바꼭질하는 시간의 법칙에 따라서
사람들의 나이가 추억 사진 속에 순서대로 보관되지만
봄 구경하는 사람들은 피곤한 세상 나들이를 망각하고
오늘은 즐거운 봄 잔치를 즐기고 있다

겨울잠 그 후

삼한사온 겨울 날씨는
대문에 적힌
입춘대길 단어 하나로
다시
땅속으로 겨울잠을 청한다

겨울잠을 마친
개구리 울음소리에
세상의 색깔이
울긋불긋 바뀌고

가슴마다 홍조를 띤
열려있는 마음들 사이로
설레임이 가득한
봄비가 내린다

봄에 내리는 비는
꽃의 색깔을 새로 만들고

사람들의 마음도 서로 바꾼다

밤새도록 내린 비 속에
벚꽃의 화사한 자태가
쓰러지고,
사람들의 눈마다
새색시 얼굴 같은
진달래 꽃눈이
봄의 색깔을 다시 칠하고 있다

술

하늘을 안주 삼아
술을 마시면
술보다 안주가 많이 남아있다

말없는 하늘을 안주 삼아
혼자 먹는 술자리에서도
하늘은 과음을 하지 않는다

술잔 속으로 찾아오는
표정 없는 시간도
하늘을 베개 삼아
벌거벗은 잠을 잔다

내 몫 한 잔
하늘 한 잔
낯익은 방향마다
세상이 보석같이 변하고 있다

3부

거문도 삼치 이야기

여수에서 배로 2시간 반
사연 많은 거문도에는
삼치의 어업 전진기지이며
인심 후한 섬사람들의 보금자리이다

거문도 사내들의 땀방울과 바다와의 사투로
잡아 온 삼치가
거문도의 귀한 밥상이 되었고
삶의 풍성한 밑천도 생겼다

조선 시대 말기에는
영국군과 일본에 의해서 침략당한
서러운 역사를 가슴에 안고 사는
거문도의 사람들은 정이 많고 마음이 부자였다

멀리서 찾아와서 국제 결혼한 신부도
삼치와 쑥의 향기에 반해서
거문도 주민이 다 되었고

중국에서 시집온 외동딸을 위해서
친정아버지는 거문도에 밭을 만들고 떠났네

배가 고픈 어린 자식을 위해서
어머니는
밀가루에 버무린 쑥떡으로 키우면서
설움 많은 거문도의 세월도 있었다

이제는 바다 건너 관광 오는
육지 사람들의 아름다운 구경거리
대대로 살아가는 거문도 사람들의
영원한 고향이다

해인사

우담바라* 세상 번뇌는
우리 중생에 실려가는 북소리 되어
삼천 대천세계大千世界에
무시무종無始無終의 업보이다

고려의 울부짖는 역사 속에
팔만 법문을
산으로 출가시켜
불국정토佛國淨土 역사 안에서
잠자는
팔만대장경

음양의 근심걱정
색즉시공色卽是空으로 씻어내고
하늘로 등신불 만드는
만다라

중생을 방생하는

가야산 꼭대기에
살아계시는
사바세계 도솔천

고승高僧의 입적기는
비로자나 부처님**

* 우담바라 : 3천 년에 한 번씩 피는 상상의 꽃, 곧 부처님의 출현을 뜻함.
** 비로자나 부처님 : 해인사 대적광전에 계시는 큰 부처님.

동화사

일요일 오후
겨울바람이 눈 덮인 산을 부채질하면서
대웅전에 모여 있는 마음을 씻어준다

세월 따라 모이는
불심은 서로 달라도
자기 정토의 영원한 진리는 살아 있네

여기가 극락이고
내가 부처가 되면
중생들의 모든 근심 걱정은
불타는 욕심에서 생기는 일이다

동화사 불상처럼 묵언 수행하면
사람들의 더하는 고행도 사라지고
팔공산에 울리는 법고 소리 목어 소리에
생로병사의 온갖 번뇌 해탈된다

이루지 못한 소원 성취
백팔예불로 복을 받아서
변화무쌍한 인생을
좋은 인연으로 살아가는 세상 만드세

약손

치료하는 나의 손이
약손이라고
말씀하시는 환자들의
아름다운 마음에
고마운 내 정성을 담아서
빠른 쾌유를 기원하는
나의 마음이 실려 있다

세상 이야기

탄저병 백색공포가
흰색가루 기피증으로
세상이 서로 놀라서
겨울에 마음이 더욱
얼음장처럼 동사 직전이다
비행기 자폭테러 사건은
공상영화 속의 현실
뉴욕의 쌍둥이 건물이
일시에 폐허가 되고
세상이 밤새도록 놀라서
갈팡질팡
무식하게
끊임없는 죄값만 치른다

삶의 무게

입동이 지난 달력 위에서
떨어진 낙엽을
태워버리면
세월이 아픈 소리를 낸다
365일
공무수행으로 순찰하는 시간은
지친 피로를
삶의 무게에 걸터앉아
무거운 일력 속에서 무전 취식한다

입동이 지난 달력 위에
백발처럼 쌓이는
세월의 무게를 올리면
내 몸 안으로 식은땀이 흐른다

빨래

깨끗한 옷들이
더러운 세상의 욕망에 멍이 들면
세탁비누로 사혈*을 하여서
세탁기 안에서 이리저리 부항*을 한다
깨끗하게 세탁한
빨래들을
탈수하여
일광욕으로 살균소독을 하면
옷에 묻은 세상의 때가 숨을 죽인다

* 부항 : 한의학에서 신체 내의 필요 없는 부산물을 제거하는
　　　치료 방법
*사혈 : 치료 목적으로 환자의 피를 뽑아내는 방법

물난리

비 때문에 물난리가 난
강원도 산간지역에는
전기가 끊어지고 길마저 고립되어
온통 진흙더미 속의 아수라장이다
물난리 난 지역이지만
물이 부족하여서
오물투성이 생활용품이
숨을 쉬지 못하여
새우잠을 자고 있다
식수도 귀하여 컵라면에 목숨을 연명하지만
하루빨리 누구나 잘 먹고 잘 사는 국민 된 권리
사람들의 마음이야 강원도나 서울이나
똑같은 귀한 자식이다
물은 사람들이 살아가는 생명수
지나친 물은 물난리를 만들어서
사람들의 몸과 마음을 많이 지치게 한다
청명한 가을 하늘이 미운 심정
파손된 도로 표시판이
지금은 "긴급 수해 복구 중"이다

가을소리

입 벌린
천고마비의 하늘 아래
초가집 위로
햇볕에 익은 호박 엉덩이가 보이고

싸립문 사이로
반딧불 밝히면
귀뚜라미 울음소리 들린다

배부른 참새들이
전깃줄에 모여앉아
욕심 없이 드러누운
가을 들판의 세상섭리를 모른 체하고 있다

빨랫줄에 걸린 왕풍

기상청의 예산 부족으로
기상위성 보유한 부자 나라보다
기상 사진 입수가 느려서
일기예보의 골치 아픈 미숙아이다
전기가 없는 벌거벗은 오지마을에도
잠잘 곳 없이 허물어진 자연에 대한
나약한 존재
팔순의 주름진 노인도
아픈 상처를 어루만지며 가재도구를
햇빛에 소독하고 있다
홍수 조절기능 상실한 저수지에는
무성한 잡초가 입을 벌리고
외환위기의 재기의 꿈은 상전벽해 속에
전설이 되었다
복숭아꽃 날리던 남대천 제방 산책로와
복숭아꽃 길도
수마에 상품 가치 도둑맞고
연어가 회귀하는 남대천 계곡은 흙탕물이 되어

연어 소식 들리지 아니한다
태풍에 떠내려간 마을마다
빨랫줄에 걸터앉아 잠을 자는
인간에게는 보상금 한 푼 없는
간사한 왕풍의 위엄

선풍기

열대야에 지친 사람들이
죄 없는 선풍기에 몸을 맡기면
불덩어리 같은 체온은
갑작스러운 바람의 방문에 놀라서
하늘로 도망을 간다

하루 동안 사람들의
짜증과 땀 냄새를 맡으면서
날개가 축 늘어지면
두통과 복통이 찾아와서
뜨거운 바람을 토해낸다

마음이 급한 사람들은
벌거벗은 내 몸뚱어리를
더욱 탐욕하고 싶어
열사병 걸린 시곗바늘을
선풍기 날개에 살짝 감추지만
여름밤은 왜 이리 지루할까

너무너무 살아가기 힘든
여름 폭염 속에
사통오달
고통의 신음을 하여도
사람들은
무심한 듯 잠만 자고 있다

무게중심

살아온 삶의 무게가 저울에 걸터앉으면
인생의 무게는 세월의 무게만큼
작아지게 된다

계절을 가불합니다

백화점에 전시된 마네킹 옷차림에서
계절이 가불되어
고객들의 발걸음을 재촉하면
거리마다 사람들의 마음속 계절까지 가불되어
들뜬 마음들이 풍선처럼 부풀어 있다

춘하추동 돌고 도는 세상의 이치도
가불된 계절 앞에서는 가면 속의 얼굴이 되고
온 사람들의 마음은 앞서가는 습관으로 변해간다

사람들이 살아가는 세상에서
사계절이 연중 바겐세일로 방출되면
사람들의 얼굴에는 꽃이 피지만
피로에 지친 사람들의 생활 속에는
따뜻한 사람들의 체온만 살아 있다

우리 인생도 가불해서 살아가면
달력 안의 사람들의 나이도
가불되어서
실종된 세월의 추억을 그리워하면서 살아간다

아폴로 눈병

여름이 지나가는 자리는
왜 이리 숨이 차고 힘이 드는지 모르겠다
태풍의 차디찬 후유증이 온몸을 멍들게 하고
아폴로 눈병으로 온 나라가 야단이다

뻘건 토끼 눈 같은 학생들의 눈이
눈 덩어리같이 확산 전파되어
집단휴교로 학교가 따가운 눈물을 흘린다

개인위생 소홀에다
환절기의 불청객이지만
안과의원마다 환자가 북새통
약 부족으로 어린아이부터 어른까지
그야말로 눈병 천국

눈은 밝은 세상을 보는 창
사람보다 돈을 먼저 배우는 어린아이의

눈에는
더러운 세상을 씻어내는
아폴로 눈병이 되어라

소와 달

보름날에 비치는
큰 달빛 아래
사람과 소가
땅을 쳐다보고
서로의 얼굴을 바라본다
윤회의 말씀이 아니라도
소는
사람의 눈빛을 땅에 심고
땅에서 자란 풀을 먹고 있다
소는
풀을 먹고 고기를 살찌운다
소는
살찐 덩치만큼 마음이 넓구나
소는 마음 넓은
보름달처럼
사람을 무서워하지 않는다
보름달처럼
사람을 어미같이 생각하지만

사람과의 거리는 아주 멀리 있어서
달빛 아래
서로의 나이가 큰 산을 넘어간다

또 다른 소풍길

울긋불긋한 무거운 옷과 신발은
왜 그리 다리가 아픈지 모르겠다
주머니 없고 육신(肉身) 벗은 수의 입고
습신* 신고 놀러 가는
소풍길은 너무나도 가볍구나
염라대왕 가다가 사잣밥 얻어먹고
지치면 칠성판에 드러누워서
이승의 번뇌 황톳길에 다 벗어놓고
꽃상여 타고 떠나는
또 다른 소풍길

  * 습신 : 염할 때 시신에게 신기는 신

꽃잔치 현기증

온통 어지러운 세상
이리저리 현기증이
황사 타고 방황한다

정치면 신문기사는
하루 종일 혼란 정국 앵무새
사회면 TV 화면은
증권폭등에다
벤처산업이 돈 자랑을 하여서
입맛을 줄줄이 상실케 한다

환절기마다 찾아오는
꽃가루 시샘 행차
입춘대길 간판이
심한 알레르기를 일으킨다

길모퉁이

약전골목으로 들어오는
동아쇼핑센터 길모퉁이에는
아침마다
싱싱한 자연의 냄새가
살아 있다
신문지 위에 놓여진
온갖 나물 냄새와
손수 가꾼 집 채소 색깔에
주름진 이마 사이에 놓인
한 많은 사연까지 모여 있다
비스듬한 햇살 아래로
마음이 풍성한
시골 할머니의
사람들을 부르는 소리가 들린다

노래방 (1)

노래방 천장에서 빙글빙글 돌아가는
전등 불빛에
노래방 바탕 화면보다
덩실덩실 어깨춤이 먼저 춤을 춘다

마이크 잡은 손이 떨리고
술에 넋을 잃은 목소리는
박자 무시하고
내 마음대로 부르는 노래 한 곡이
100점 만점이라서 만원 지폐가 화면에 살아있네

신이 나서
술 한 잔 마시고 다시 한 곡 하니
이번에는 형편없는 점수이다

노래방에서
술 한잔하고
기분 전환하면 이것이
기분 풀고 건강 지키는 방법이지만
노래방에서는 정해진 시간만큼 가수가 되고 싶다

노래방 (2)

남자들의 퇴근길을
얼큰한 소주 몇잔으로
피곤한 하루와 맞바꾸면
흥에 겨운 마음들은
노래방으로 발을 옮긴다
최신곡도 많지만
중년의 애창곡이 더욱 유혹하여
애수 어린 신청곡을 선발한다
주현미의 '러브레터'
전미경의 '장녹수'
조항조의 '남자라는 이유로'
나훈아의 '아담과 이브처럼'

박자 음정 서툰 노래이지만
오늘만은
내가 노래방 가수이다
가수가 따로 있나
왕성한 음악세포에 취해서
즐거운 노래 부르면

내가 노래방 가수이다

세상 답답한 마음에
주름진 세월을 안주 삼아
술을 마시고 노래방에서 한 곡 뽑는
나의 애창곡은
세상살이의 배설물이 된다

수성못 고목 아래

수성못 고목 아래
바람 따라왔다가
바람 찾아 떠나는
사람들이 모여 있다
수성못 고목 아래
서로의 호기심을 더하는
관상 보는 사람들이
호기심으로 모여 있다
수성못 고목 아래
커다란 수양버들 나이만큼
우리가 착하게 살아가도
사주팔자에는 운세가 따로 있다
수성못 고목 아래
동쪽에서 서쪽으로
물결이 주름지어 흘러가도
운명으로 만든 사람들의
유람선은
서로가 알고 있는 목적 있는 만남

수성못 고목 아래
모여 있는 사람들은
무거운 본질을
세월의 이야기 속에 감춰버린다

익모초

부인병에 효험이 있다고
익모초 한 보따리 가져오신
친정어머니

어려운 살림에
산후조리 못 하였다고
미역국과 익모초 삶아주시던
눈물 많은
친정어머니

많은 식구 뒷바라지에
소금 찜질로
아픈 세월 보내시는
친정어머니

익모초 한 사발에
어머니 마음이
따뜻하게 전해온다

쉼터

동화사 대웅전 앞에서
통일대불 가는 중간 길에
조그마한 쉼터가 있다
기와불사 중생들의 마음도 모여 있고
관광 대구의 얼굴들이 진열되었고
그 옆으로 목을 축이는
자판기 몇 대에서는
사람들의 마음이 가벼워진다

4부

대관령 풍경

높고 높은 태백산맥 줄기
아흔아홉 구비 따라서
넓은 초지草地에 소 양이 뛰어놀고
사람들의 마음도 편해지는 대관령

겨울눈 많이 내린
대관령 황태덕장에는
매서운 겨울바람에 얼고 녹은
동태가 황태로 변해간다

황태가 도시로 팔려가면
고랭지 채소밭이 되어서
씨감자 재배와 함께
대관령 사람에게는 희망이 되고
살아가는 돈이 된다

바람도 사람을 무시하여
사람들도 겨울 대관령에는 오지 않았고
고랭지 채소가 수확된 배추밭에 남겨진

앙상한 배춧잎은 배고픈 양들의 식량이 된다

오대산 국립공원 바라보며
겨울마다 스키 인파로 눈 덮인 스키장도 녹아버리고
사시사철 하늘 아래
마음 풀어놓고 살고 있는 대관령은
시간 바쁜 사람들도 느긋하게 쉬어간다

장승

천하대장군
지하여장군
사람의 얼굴이
사람을 보고 있다

밤과 낮
하늘과 땅 사이에서
싫증나지 아니 하는
사람의 얼굴이
사람을 보고 있다

천하대장군
지하여장군
아버지의 얼굴과
할아버지의 얼굴이
우리 집 골동품 안에서 잠을 자고
사람의 얼굴이
사람을 보고 있다

안동의 어느 보호수

사람들의 마음은
자나 깨나
마을을 지키는
노목老木의 마음속에 함께 있다
세월의 흔적까지
몇백년 뿌리 속에 간직되어
천하대장군과 지하여장군의
침묵이 신음 소리처럼 들린다
우리 살아가는 순간까지
고목의 마음속에 들어 있는
세상 사는 전설은
여인네의 운명을 눈물로 삼키고
남정네의 태평세월을 가득 모아
아침마다 마주치는 햇살을 마중하며
동네 어귀에서
하염없는 욕심을 저승에 연결하고 있다

약령시 풍경도

우주만라의 음양오행 원리가
삼라만상의 초목근피草木根皮와 함께
살아가는
약령시 곳곳마다
신토불이 생명력이 남아 있는
영험한 한약 냄새

상생상극의 이치로
땅과 하늘과 인간이
서로 조화를 이루어
신령한 땅의 영양분을 먹고
청아한 자연의 기운을 가져서
독특한 향기와 약효로
병든 사람들의 몸과 마음을 고치는
약령시의 깨어 있는
의술의 뿌리와 변화

우리 몸에는 우리 건강이라

허준 선생의 고귀한 의학과
이시진의 약 체취가 맴돌고
편작과 화타의 뛰어난 침구의술이
자연을 인간과 하나로 통일시켜
대대로 이어나갈
약령시의 메아리

덩실덩실 춤추는
열린 세상 틈새로
하늘 끝까지 순종하여도
빛바랜 간판 사이로 고통을 달래가는
주름진 약전골목 얼굴들이 보인다

도시 속에 살아 있는 중앙공원

대구광역시 중구 포정동 21번지에 위치한
중앙공원
'절도사 이하 개하마' 비석 안으로
예나 지금이나 늘 같은 모습으로
살아가는 사람들과
무거운 입으로 누워 있는 사람들이
세월의 인연으로 만나고 있다
얼굴 없는 역사를
서로 마주 보며
힘겨운 생활도
인생의 법칙처럼 살아온 습관
중앙공원 징청각 처마 아래로
중앙공원 선화당 돌계단 아래로
욕심을 버린 마음들이
순종하는 평행선으로 모인다
나라님의 선정善政 닮아
경상 감영 옛터에는
후손들의 情이
통일의 종을 울린다

자연과 나

실오라기 하나
걸치지 아니한 모습이
정말 자연이다

아니다
마음속 깊은 곳까지
그림자 하나 없는 모습이
정말 자연이다

그러면
자연은
인간의 참된 마음에서 왔다가
인간의 참된 모습에 살아 있다

종로 옛날 보리밥집*

기운 만들기
　　　전통 보리밥 3,500원
술에 곁들임
　　　고추파전
　　　묵채
　　　오징어 볶음
　　　돼지고기 수육
　　　명태전

넉넉한 전통 보리밥집 차림표처럼
풍요로운 종로 보리밥집 할머니 인심
보릿고개 살아온 손님들도
건강에 좋다고
채소 나물 반찬에 보리밥을 먹고 있다

입맛 없는 여름철에는
시원한 물김치에다 된장에 찍어 먹는 고추도
음식 먹는 별미

점심 식사시간이면
먹기 위해 사는 사람들도
일에 지친 사람들도
옛 기와집 보리밥집으로 모여서
삼삼오오 추억의 전통을 먹고 있다

* 종로 옛날 보리밥집 : 대구광역시 중구 종로에 있는 옛날식
  전통 보리밥집

IMF와 옛날 옛적에

우리는 지금,
꿈속에서
옛날 옛적의 흑백사진을 보고 있다
가난과 출세가 교차되던 춥고 배고픈 시절의 운명적인 삶의 현장
'강냉이죽, 개떡, 눈깔사탕, 몽당연필, 구멍 난 양말, 괘종시계, 축음기, 책보, ……'
옛날 옛적의 추억 담긴
그때 그 시절의 눈물과 신음의 고통을
아는지 모른지 알 수가 없다
시대는 유전인가
시대는 시작도 멈춤도 모르는 다년생多年生 약초이다
지금은,
국가경영 부재不在의 소치
과소비와 사치의 당연한 결과
물질만능의 회한으로
꿈에서도 상상 못 한
IMF의 차디찬 한파를

가슴마다 안고서
우리는 우리를 원망하며
서로를 위로하고 있다
옛날 옛적에
인내와 고통을 지극한 이치로
살아가듯이
다년생 약초의 씨앗을 새로
뿌리고 있다

세상의 고독

세상에서
나에게 무상출입 하는 것은
고독과 공기가 있다

세상에서
고독을 즐기는 것은
빈 하늘 아래
메마른 바람이 스쳐가는 일이다

세상의 모든 것이
내 몸같이
고독해지면

피곤에 지친 세상이
더욱 수척하여서
나이와 공기가
몹시 무거워지고
무상출입이 어렵게 된다

고독 속에 살아 있는 고향

우리에게 고향은
시간개념을 알려주는
아득한 옛정이 숨어 있다
기억 속에 사라졌다가
명절 때만 자가용 홍수 속에서
사람이 지치고
고향이 지쳐서
들뜬 마음들이
고독 속에 머물다 간다
바보같이
미련한 고향은
사람들의 옛 흔적이 묻힌
들판에서
구멍 난 고독을 달래고 있다

세월의 공평성

세월은
시간의 공간 속에서
찾아왔다가
시간의 공유 속으로
사라지는 속물근성

남녀노소의 구별이나
희로애락의 변화에도
굴복하지 않고
세월은
얼굴 없이 지나가는 손님이다

세월의 양손에 실린
삶의 무게와
육신의 무게가
존재의 저울에 서로 앉아 있다

암행어사

사람 사는 세상 이야기에는
변화무상한 바람도 있고
누구나 좋아하는 보석도 있다

사람들이 살아가는 세상 마음속에는
간사한 마음과
지나친 욕심이 가득하여서
세상은 늘 돌고 도는 바람개비 같다

마패 들고 천지를 호통하고
유척 가지고 부정부패 척결하는
암행어사의 얼굴에는
세상의 온갖 어지러운 모습이 들어 있다

매일 살아가는
사람들의 세상살이에는
암행어사 출두가 필요 없는 세상 이야기가 필요하다

달력 속의 시집살이

습관적으로
세월의 희로애락 속에서
달력 속의 무게만큼 매일 아침을 만든다

출퇴근이 없는 세상살이는
사람들의 살아온 중량처럼
사람들의 나이에 업혀서
온 세상을 이리저리 소풍을 다니지만
결국은
달력 속에서 고된 시집살이를 하고 있다

흑백사진 이야기

낡은 서랍 속에 살고 있는
옛날 흑백사진이
골동품처럼 구경거리로 살고 있다

망각의 세월에서 살포시 깨어나면
지나온 삶의 무게만큼
인생의 중량이
그리움 속에서 아쉬운 추억을 남기고

거울에 비치는 세월의 얼굴은
주름진 나이의 시간 속에서
빛바랜 기억을 먹고 있다

검정 고무신

보릿고개 시절에
무밥에 배 불리며 검정 고무신 신고
동구 밖 대장놀이하던
그 시절에는
장난감 대신에 올챙이 잡아서 놀고
메뚜기로 주린 배 해결하며
땅바닥에 드러누워 내일을 얘기한 시절

검정 고무신은 신어도 신어도
닳지 아니하여
매일매일 그 모양이 같았다

어른 되어
풀피리 꺾어 불던 친구들도
꼬부랑 노인이 되어서
장수 지팡이에 장수 사진만
우리를 찾아오네

모기

산더미 같은 사람의 몸에
조그마한 모기 한 마리가
마구잡이 육탄 폭격으로
피를 빨아먹고 있다

마음씨 착한 사람들은
종족 번식의 희생양으로 생각하여서
가려운 상처를 긁고 있지만
모기에 물린 부위는 한참 부어 있구나

우리나라 모기는 그래도 부끄러워
큰 후유증이 덜하지만
동남아 모기는
말라리아, 뎅기열의 무서운 병을 만든다

여름철 내내 호시탐탐 뜨거운 피의 맛을 잊지 못하여
방심한 우리의 허점을 찾아 비행하지만
사람들의 관심은 방충제 한 번에 식어버린다

지심도[*]

봄이 가장 먼저 온다는
거제 장승포항 근방의
겨울 동백꽃의 지심도

일제강점기 시절의 아픈 역사를
일본군 막사 사이로 볼 수 있고
볼락 맛에 반해서
뭍에서 이사 온 사내들의 이야기

방파제가 없어서 뜰채낚시로 물고기 낚고
옛날 호롱불 없는 시절에 송진 태워서
밤을 밝힌 할머니의 사연
신혼 1년 후에 지심도가 좋아서
혼자 내려온 아저씨의 사랑이야기

길지도 아니한 탐방로에 바다를 구경하고
심술 많은 겨울비에 떨어진 동백꽃이
겨울을 밀어내고 새봄을 부르지만

남해 끝자락에서 가는 겨울을 아쉬워하며
지심도의 마을은 풍요로운 마음이 살아있는
작지만 아름다운 섬이다.

* 지심도 : 경남 거제시에 위치한 사람들이 사는 섬

외나무다리 건너에 있는 고택

강물로 둘러싸인 육지 속의 그곳
무섬*에는
바깥세상과 이어주는
옛 사람들의 발자국이 찍힌
외나무다리가 있다

시집올 때 꽃가마 타고 건너오면
저승 갈 때 꽃상여 타고 떠나가는
시간이 잠자는 세월의 강물이 흐른다

용꽃 용마루에 실린 시집살이의 설움도
차가운 겨울바람도 이겨낸 고택의 위엄이
이곳에는 늘 시간 속에 멈추어 있다

박물관에 모셔놓은 어른들의 얼굴
디지털 시대를 살고 있는 후손들도
이곳에 오면
품격 높은 선비정신 속에 함께 살아있어서

누구나 우리는 시간을
세월의 값어치만큼 살고 있다

지나가는 바람 소리도 큰소리를 죽이고
하늘에 살아있는 구름도
햇살에 몸을 감추는 이곳은
옛사람들의 말소리마저 고택 기와에 웃고 있다

지나가는 바람 소리도 소리를 죽이고
하늘에 실려 있는 구름도 부끄러워서 햇살에
몸을 감추면
옛 사람들의 말소리는
선비마을 속에서 역사의 되새김을 하고 있다

  * 무섬 : 경상북도 영주시에 있는 마을

눈꽃축제 열차 다니는 산골 마을

눈 덮인 강원도
산골에도
눈꽃축제를 알리는 열차가 달린다

비지밥에 감자 넣고 아침밥 먹는 마을
흰 쌀밥에 고기밥 그리운 산골에
주린 배 채우는 추억의 밥 먹은 시절

탄가루 쌓인 폐 씻어내려고
돼지고기 국물에 이면수 구이로
근심 걱정 나누던 탄광촌도
이제는 눈개승마 채취하여
닭뼈 가려내고 고비와 야채 밀가루로
만든 몸보신 음식이 살아있네

연탄불에 모여앉아서
겨울밤 삶의 애환 나누던 그 시절이
산간 오지에서 지나간 눈물과
설움을 나누는 낡은 달력 속의 추억인

강원도 탄광촌 부락에도
눈이 오면 눈꽃축제 하러
사람들은 눈꽃축제 열차에 몸을 실었다

눈이 오면 산골 동네 풍경들도
신이 나서 이리저리 뛰어다니고
눈꽃 오는 마을
세월의 손맛이 살아나는
겨울 김치에 닭반대기* 냄새 풍기는
백두대간 산골마을

구수한 겨울 향수에
열차 관광객들은 눈꽃축제보다
강원도 겨울 경치와 사람냄새에
겨울이 지나가는 것도 모른다

 * 닭반대기 : 강원도 산골에서 해 먹는 닭요리

구석기시대의 사람들

역사 교과서 첫머리에 나오는
구석기시대 사람들은
반구대 암각화에서도 잃어버린
털이 무성한 벌거숭이이다

TV 역사 프로그램에 나오는
구석기시대 사람들은
돌멩이를 바람에 던지는 호기심 많은 어린애 같다

컴퓨터, 인터넷, 환경오염도 없고
휴대폰, 통신 교환 메시지도 모르는
구석기시대 사람들은
하늘과 땅만 아는 본능 그대로의 생명이다

천지만물이 살아가는 순서에 의해서
거짓과 미움을 지워버리고
진실만 사랑하면서
욕심과 세월의 주름도 자연에 순응하였다

구석기시대 사람들이
우리들의 살아가는
착한 모습이라면 사람들의 마음속에는
세상이 늘 부끄러워진다

시인 이극로

경남 합천 출생
영남고 졸업
원광대학교 한의대 졸업
원광대학교 대학원, 대구한의대학교 대학원 졸업
한의학박사, 시인, 수필가, 전생 최면연구가
≪우리문학≫ 시인 추천
후광문학상 수상
전 아시아 대학교 겸임교수
한국문인협회, 대구문인협회 회원
태을성 문학 동인회 회원
한국문예저작물협회 회원
현재, 대구 성제국한의원 원장

- **시집**
  『태종대의 겨울나기』
  『주인 없는 바람처럼 탈춤을 추자』
  『세월의 아픈 소리』
  『멸치와 땅콩』

- **시선집**
  『사랑니』

- **건강에세이집**
  『감초와 진찰실』
  『오장육부에 살고 있는 대추나무 청진기』
  『신토불이 우리 한방』
  『황제내경 건강법』
  『손바닥 건강법』
  『황제내경 건강보감』
  『평생 건강을 위한 한방비법』

- **수필집**
  『특별한 분 그리고 우리는』

- **편역서**
  『손을 보면 건강을 알 수 있다』